Sofía Vallina Fuentes

APULEYO EDICIONES   FOMENTO DE VALORES   CUENTOS ILUSTRADOS

MARTINA

Y EL MONSTRUO VERDE DE LOS CELOS

APULEYO EDICIONES · FOMENTO DE VALORES · CUENTOS ILUSTRADOS

Martina era la niña
más feliz del mundo.
En su casa era una princesa, la
reina era mamá.
Todo era fantástico
hasta que llegó...

LA NOTICIA.

¡Iba a tener
un hermanito!

Al principio, le pareció una idea fantástica. ¡Por fin iba a tener alguien con quien poder jugar! Esperó impaciente y emocionada a que llegara mientras veía cómo le iba creciendo la tripa a su mamá.

Cuando por fin llegó el esperado día y pudo conocer a su hermanito, se quedó HORRORIZADA. ¡¿QUÉ ERA ESA PATATA ARRUGADA Y LLORONA?!

Era demasiado pequeño, así no iba a poder jugar con él.

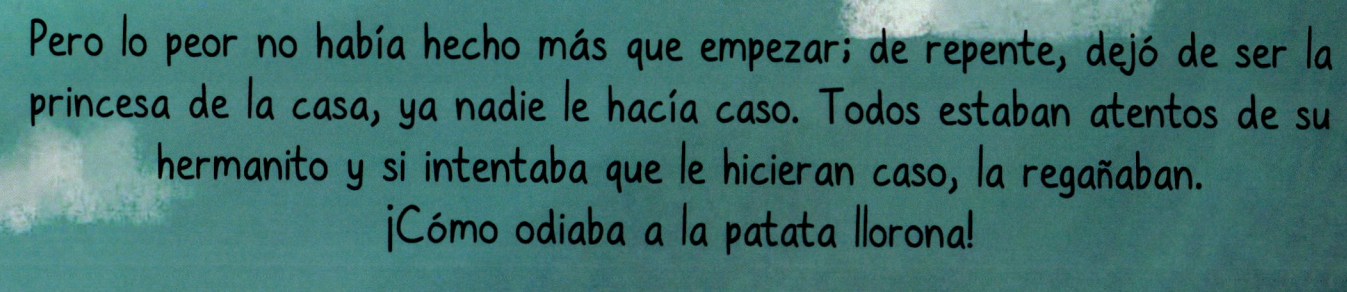

Pero lo peor no había hecho más que empezar; de repente, dejó de ser la princesa de la casa, ya nadie le hacía caso. Todos estaban atentos de su hermanito y si intentaba que le hicieran caso, la regañaban.
¡Cómo odiaba a la patata llorona!

Empezó a pensar cómo podría solucionar este lío.
A lo mejor si enviaba a la patata lejos con otra familia,
volverían a hacerle caso. ¡Qué idea tan fantástica!

Llenó a su hermano de sellos y cuando estaba
envolviéndolo, mamá la pilló.

Un fuego empezó a subirle por los pies y
cuando miró hacia abajo, se dio cuenta
de que le estaban saliendo unas garras
verdes como de dragón. Se asustó
mucho, pero nadie más parecía verlo.

Su siguiente idea brillante fue convertirse en bruja y hacerlo desaparecer. Se puso su disfraz de bruja de Halloween, con su capa, su sombrero y, por supuesto, su varita.

Dijo estas palabras mágicas:

—Óculus, póculus, móculus...

Y le dio con la varita a su hermano en la cabeza haciendo que se pusiera a berrear.
Papá apareció al instante.

Pillada otra vez y el mismo
fuego que sintió antes le volvió a subir
por los pies hasta la tripa. Cuando
se miró, le habían vuelto a salir las
garras y unas escamas le subían hasta
la barriga: se estaba volviendo un
monstruo verde.

El fin de semana, los abuelos vinieron a casa, pero igual que pasaba con papá y mamá, solo le hacían caso al hermanito. A todo el mundo le encantaba y Martina no entendía por qué, no tenía nada de interesante.

Solo era una patata arrugada y llorona.

Se le ocurrió un plan maravilloso:
guardaría a su hermano en la maleta
de los abuelos. Así se lo llevarían
a su casa y jugarían con él y ella
se quedaría con papá y mamá;
solos otra vez.

Justo cuando estaba cogiendo a su hermano
para meterlo en la maleta, apareció su
abuela en la puerta de la habitación.
Menuda regañina le cayó.

Esta vez el fuego le subió hasta la cabeza. Se miró las manos, cerradas en dos puños, y ya no eran sus manos, sino dos zarpas verdes con escamas. Corrió al baño y cuando se miró al espejo, se había convertido en un monstruo verde y aterrador.

Asustada, dio un chillido y salió corriendo a su habitación.
Se acurrucó en una esquina llorando.

Sin saber cómo, mamá y papá estaban allí, cada uno a uno de sus lados, abrazándola. Martina los miró con la cara llena de lágrimas.

—¿Por qué lloras, Martina?
La abuela te ha regañado, pero no ha sido para tanto —dijo papá.

—¡Me he convertido en un monstruo verde! —dijo Martina—.
Le he hecho cosas feas al hermanito y ahora soy un monstruo verde
—volvió a llorar desconsolada.

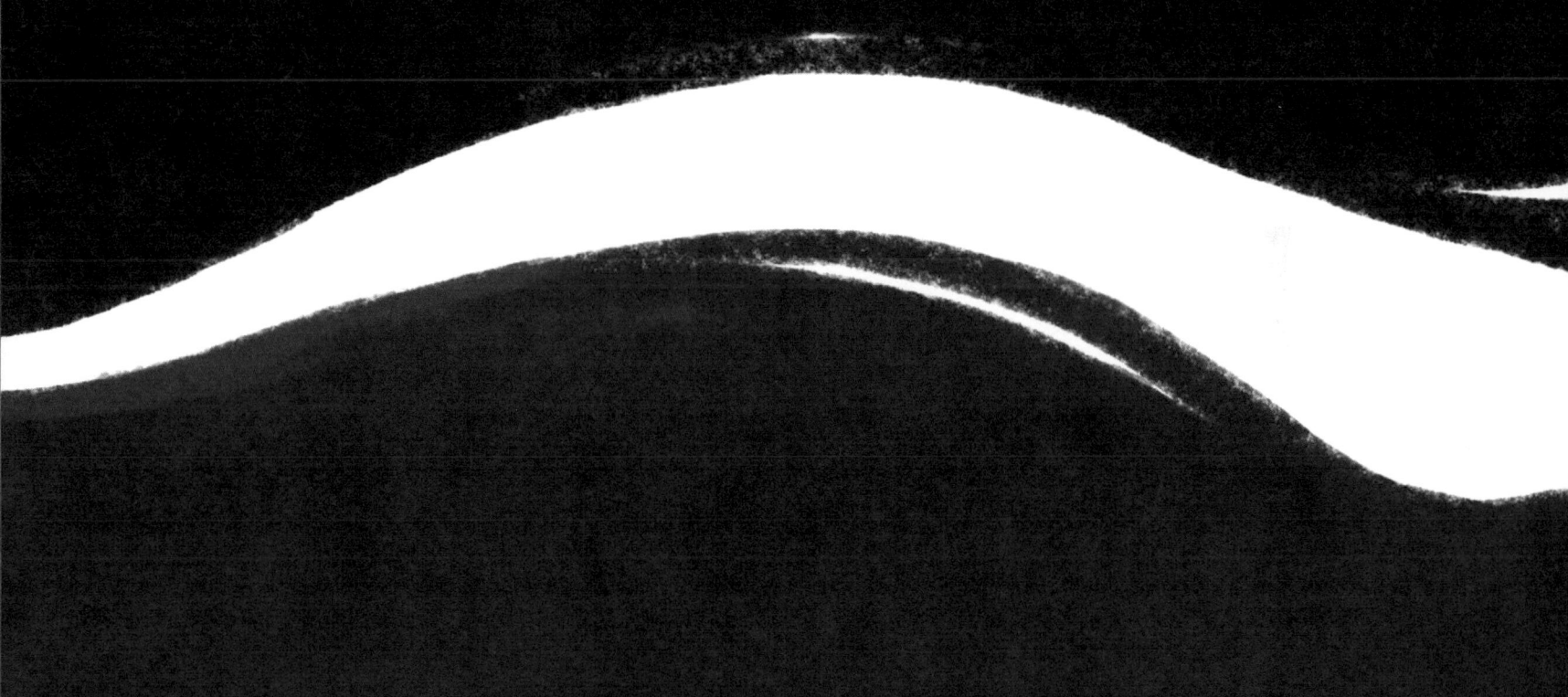

Papá y mamá se miraron y volvieron a abrazarla fuerte.

—Ese monstruo verde no eres tú, se llama celos. Aparece cuando sientes que tu hermanito es más importante que tú, ¿verdad? —dijo suavemente mamá.

—Sí —dijo Martina en un susurro.

—Mírate ahora —dijo papá.

Todo el verde, las escamas y las zarpas
estaban desapareciendo.

—Los abuelos, papá, tu hermanito y yo, todos te
queremos mucho, Martina —dijo mamá.

—Pero tu hermanito es muy pequeño
aún y nos necesita mucho, Martina.
Sobre todo a ti, necesita que le enseñes
muchas cosas —dijo papá.

¡Vaya, Martina no había pensado en eso! Se fue a donde estaba su hermanito y lo miró. "Sí que es pequeñito", pensó. Entonces, él le sonrió. A Martina empezó a subirle un calorcito por el pecho, pero no como el fuego de antes, sino un calorcito como cuando te tomas una taza de chocolate en invierno y te calienta por dentro.
Y sin pensarlo le devolvió la sonrisa.

—Yo también te quiero —le dijo.

FIN

©Sofía Vallina Fuentes (de la obra)
©Apuleyo Ediciones (de esta edición)
Primera edición en Apuleyo Ediciones: junio 2024
Diseño de cubierta: Sofía Corzo González
Corrección: Aitor Andreu Guerrero
Maquetación: Domingo Carrasco Martín
Ilustraciones: Wilver Fuentes
Coordinación editorial: Isidoro Cidre González
info@apuleyoediciones.com
www.apuleyoediciones.com
ISBN: 978-84-1060-023-2
Depósito legal: H 628-2023

Hecho e impreso en España.